Inhalt

Ökostrom-Förderung - ja oder nein?

Kernthesen

Beitrag

Fallbeispiele

Weiterführende Literatur

Impressum

Ökostrom-Förderung - ja oder nein?

I.Zeilhofer-Ficker

Kernthesen

- Treibhausgase in der Atmosphäre verursachen jedes Jahr Schäden in Milliardenhöhe durch wetterbedingte Naturkatastrophen.
- Die notwendige Reduzierung von Treibhausgas-Emissionen ohne die Nutzung der Kernenergie kann nur durch einen steigenden Anteil von Energieerzeugung aus erneuerbaren Rohstoffen erreicht werden.
- Dieser Tatsache wird in Deutschland mit dem Erneuerbaren-Energien-Gesetz (EEG) Rechnung getragen, das vor allem die Abnahme von Strom aus regenerativen

Quellen zu festgelegten Tarifen vorschreibt.
- Durch die heutige Stromerzeugung aus alternativen Quellen werden pro Jahr 20 Millionen Tonnen Kohlendioxid weniger in die Luft geblasen.
- Der Reform-Entwurf des Bundesumweltministeriums zum EEG hat trotzdem auf breiter Front die Diskussion darüber angeregt, ob die Ökostrom-Förderung sinnvoll ist.
- Deutschland ist in den vergangenen Jahren durch die Förderungsmaßnahmen aus dem EEG zu einem führenden Lieferanten von Anlagen zur ökologischen Stromerzeugung geworden.
- Für Privathaushalte gibt es trotz höherer Produktionskosten Angebote für Ökostrom, die unter den Preisen von konventionellen Stromanbietern liegen.

Beitrag

Energiewirtschaft im Wandel

Ökostrom-Förderung warum?

Jedes Jahr werden in Deutschland 581 Milliarden kWh Strom erzeugt. Im Jahr 2003 werden davon ca. 9 Prozent aus erneuerbaren Energien stammen. Obwohl dieser Anteil relativ gering erscheint, werden pro Jahr durch die Stromerzeugung aus Wind, Sonne, Wasser und Biomasse rund 20 Millionen Tonnen weniger Kohlendioxid (CO2) in die Umwelt ausgestoßen, als wenn dieser Stromanteil konventionell, also durch Kohle-, Gas- und Atomkraftwerke erzeugt worden wäre. (1)

Unbestritten ist mittlerweile, dass Schadstoff-Emissionen ein wesentlicher Faktor für die weltweiten klimatischen Veränderungen sind, deren Auswirkungen wir in den vergangenen zwei Sommern als Hochwasser bzw. als Jahrhundertsommer erleben mussten.

Die Anzahl wetterbedingter Naturkatastrophen steigt ständig an, was auf den immensen Ausstoß von Treibhausgasen, hauptsächlich dem Kohlendioxid, zurückgeführt wird. Diese Naturkatastrophen haben allein im vergangenen Jahr weltweit Schäden in Höhe von rund 55 Milliarden Dollar verursacht, die von den betroffenen Staaten und deren Bürgern getragen werden mussten. (2)

Dem entgegen wirken sollen die Vereinbarungen des Kyoto-Protokolls. Diese Vereinbarung aus dem Jahr

1997 verpflichtet die angeschlossenen UN-Mitgliedsstaaten zur wesentlichen Reduzierung von Treibhausgas-Emissionen. 111 Staaten haben das Protokoll bisher ratifiziert. In Kraft treten wird es aber erst, wenn die Unterzeichner für mindestens 55 % des Kohlendioxidausstoßes stehen, d. h. wenn entweder die USA oder Russland unterschrieben haben. (3)

Trotzdem halten die EU-Staaten und vor allem die Bundesrepublik an ihrer Verpflichtung zur Schadstoffreduzierung fest und das Ziel für Deutschland bleibt eine Verringerung der CO_2-Emissionen um 21 Prozent bis zum Jahr 2012 im Vergleich zu 1990. Bis zum Jahr 2020 soll die Emissionseinsparung bereits 40 % betragen. Diese Ziele kann die Bundesrepublik nur erreichen, wenn der Anteil von erneuerbaren Energien an der Gesamtstromerzeugung weiter steigt, da die Energieerzeugung allein fast die Hälfte des gesamten Schadstoffausstoßes in Deutschland bewirkt. (3), (8)

Atomausstieg und Modernisierung

Durch den zwischen der Bundesregierung und den Kraftwerksbetreibern vereinbarten Atomausstieg sowie wegen der Veralterung von Anlagen muss in den nächsten 10 bis 15 Jahren etwa die Hälfte der deutschen Kraftwerkskapazität erneuert werden. Investitionen von rund 40 bis 50 Milliarden Euro stehen an. Kein Wunder, dass vor allem die vier großen Energieunternehmen Deutschlands, die immerhin für 80 Prozent der Stromerzeugung stehen, an Vereinbarungen interessiert sind, die ihre Marktposition nicht gefährden. (4), (8)

Die Energieriesen RWE, E.ON, Vattenfall und EnBW wehren sich massiv gegen die Förderung der Energieerzeugung aus alternativen Quellen, da sie den Verlust von wesentlichen Marktanteilen an die momentan noch kleinen Öko-Erzeuger befürchten. Immerhin geht es um einen lukrativen Gesamtumsatz von rund 50 Milliarden Euro pro Jahr. (1)

Die Energieriesen setzen nach wie vor auf Stromerzeugung durch Kohle- und Gaskraftwerke, selbst der Neubau von Atomkraftwerken wird wieder ins Spiel gebracht. Vor allem aber fordern die Unternehmen eine Fortführung der Kohlesubventionierung nach 2005 zur Sicherung ihrer geplanten Investitionen in neue Kohlekraftwerke. (4), (10)

Handel mit Emissionsrechten

kommt

Ab 2005 wird europaweit der Handel mit Verschmutzungsrechten verbindlich eingeführt. Das heißt, jeder Industrieanlage wird eine gewisse Verschmutzungsmenge genehmigt. Überschreitet sie diese Menge, kann sie weitere Rechte zukaufen von Betrieben, die weniger Emissionen verursachen als genehmigt. (3), (6)

Da vor allem die Kohlekraftwerke relativ viel Dreck ausstoßen, ist davon auszugehen, dass sie Emissionsrechte zukaufen müssen, was diese Stromerzeugung verteuern würde. Die Energieriesen haben daher von der Bundesregierung verlangt, dass die Zuteilung von Emissionszertifikaten für den Energiesektor kostenneutral vorzunehmen sei, was eine Begünstigung der Kohlekraftwerke bedeuten würde. (3), (6)

Wie die Zertifikate zugeteilt werden, wird momentan vom Bundesumweltministerium in einem "Nationalen Aktionsplan" erarbeitet, der Ende März 2004 der EU-Kommission vorgelegt werden muss. (6) Zwischenzeitlich hat eine Studie des WWF errechnet, dass der deutschen Wirtschaft durch den Emissionshandel pro Jahr mindestens 230 Millionen Euro an Kosten erspart bleiben, die durch eine gesetzliche Regelung des CO_2-Ausstoßes anfallen würden. (11)

Verbraucher wollen Ökostrom

Völlig übersehen wird von den Stromversorgungsunternehmen das riesige Potential von Kunden die bereit wären, für einen Umstieg auf Ökostrom mehr zu bezahlen. Laut einer Studie von Datamonitor sind rund 23 Prozent aller Haushaltskunden in Europa zum umsteigen bereit, allerdings fehlt das entsprechende Angebot. (5)

Das ist der Grund, warum nur rund 1 Prozent der deutschen Haushalte Ökostrom bezieht. In den Niederlanden sind es bereits 30 Prozent. Allerdings wollen die Verbraucher sicher sein, dass die höheren Kosten auch tatsächlich in die alternative Stromerzeugung investiert werden. Ein Ökostrom-Angebot, das zwar mehr kostet, aber den gleichen Strom aus alten, lange bestehenden Wasserkraftwerken liefert, wird von den Verbrauchen als unseriös abgelehnt. (5)

Wie werden alternative Energien

gefördert

Die Förderung von Strom aus Alternativen Energiequellen wurde im Erneuerbaren-Energien-Gesetz (EEG) geregelt, das vor ca. drei Jahren in Kraft getreten ist. Ziel des EEG war, die Entwicklung neuer Technologien der Energieerzeugung zu fördern und ihren Anteil an der gesamten Stromerzeugung zu erhöhen. 12,5 Prozent sollen bis zum Jahr 2010 erreicht werden, bis 2020 sollen es schon 20 Prozent sein, für 2050 werden 50 Prozent angepeilt. (7)

Um diese Ziele zu erreichen, verpflichtet das EEG die Netzbetreiber, den Ökostrom zu garantierten Mindestwerten abzunehmen. Die Höhe der Vergütung ist abhängig von der Art der Stromerzeugung sowie vom Jahr der Inbetriebnahme der Anlage. Das EEG gilt für Strom aus Photovoltaikanlagen, von kleinen Wasserkraftwerken, für Windenergie sowie für Strom aus Erdwärme (Geothermie) und Biomasse. Im Jahr 2002 wurden so knapp 2,2 Milliarden Euro an die Ökostrom-Erzeuger ausgezahlt. (1), (7)

Da die vorgeschriebenen Vergütungen weit über dem Preis von konventionell erzeugtem Strom liegen, wird die Differenz auf den Strompreis der Endverbraucher aufgeschlagen. Umgerechnet bedeutet das, jeder Durchschnittshaushalt zahlt pro Monat einen Euro mehr als ohne Ökostrom-Förderung. (1)

Windenergie

Nicht zuletzt wegen der Förderung der Windenergie durch das EEG ist Deutschland im Bereich der Stromerzeugung aus Wind Weltmeister - rund ein Drittel aller Windräder weltweit stehen in Deutschland. Etwa 10 Prozent des deutschen Stroms kommen mittlerweile aus der Windkraft. Das war nur möglich, weil der Preis, den Netzbetreiber für die Abnahme des Wind-Stroms zahlen müssen, durch das EEG festgelegt wurde. Erfreulicher Nebeneffekt ist, dass mittlerweile rund 46.000 Menschen in der Windenergie-Industrie beschäftigt sind, das heißt, mehr als in der Kohle- und Atomwirtschaft zusammen. (1)

Für Anlagen, die nach dem 1. Januar 2002 in Betrieb gingen, wird derzeit eine Vergütung von 8,96 Cent pro Kilowattstunde gezahlt. Für später gebaute Anlagen, sinkt dieser Vergütungssatz pro Jahr um jeweils 1,5 Prozent. Damit wird dem Faktor Rechnung getragen, dass sich die Technologie weiterentwickelt und die Windstromerzeugung wirtschaftlicher wird. Der Abnahmesatz ist für die ersten 5 Betriebsjahre garantiert und sinkt dann auf 6 Cent pro kWh. Der

Fördersatz kann um maximal 15 Jahre verlängert werden. Eine längerfristige und höhere Förderung ist für Offshore-Windparks, also Windkraftwerke auf hoher See geplant. (15)

Branchenkenner erwarten, dass die Windstromerzeugung in etwa 10 Jahren zu gleichen Preisen wie konventionelle Energie erzeugt werden kann und dann ohne Förderung auskommen wird. (1)

Die geplanten Windkraftanlagen in der Nord- und Ostsee können eine um 40 Prozent höhere Energieausbeute als Windräder an Land erreichen. Das Bundesumweltministerium will daher die Offshore-Anlagen verstärkt fördern, denn man rechnet damit, dass im Jahr 2030 schon 15 Prozent des Strombedarfs über diese geplanten Windparks auf offener See gedeckt werden können. (9)

In die Kritik geraten sind Windkraftanlagen, weil auch Windräder an Standorten mit relativ wenig Wind gefördert werden. Außerdem befürchten Umweltschützer Beeinträchtigungen der Tierwelt, vor allem der Fische und Wale auf dem Meer sowie der Vögel. Anwohner beklagen Störungen durch die Geräuschentwicklung und die Beleuchtung von Windrädern. Touristen fühlen sich dagegen überwiegend nicht durch den Anblick von Windparks gestört. (9)

Solarenergie

Auch die Solarindustrie meldet Erfolge. Rund 20 000 Beschäftigte arbeiten in der Solarbranche (Photovoltaik und Solarthermie). Im Jahr 2010 soll es dort schon 100 000 Arbeitsplätze geben. Die Branche erwartet in diesem Jahr eine Umsatzsteigerung bei Anlagen für Sonnenstrom und -wärme um bis zu 50 Prozent. (12) Wurden 1998 erst 10,5 Megawatt Strom durch die Photovoltaik erzeugt so wird sich dieser Wert in 2003 bereits auf über 148 MW erhöht haben. Trotzdem ist der Anteil von Solarstrom an der Gesamtstromerzeugung noch verschwindend gering (0,05 Prozent). (13), (16)

Um der noch jungen Solarbranche auf die Sprünge zu helfen, wird die Einspeisung von Strom aus Photovoltaikanlagen zur Zeit mit 45,7 Cent je Kilowattstunde vergütet. Zusätzlich konnten bis vor kurzem Hausbesitzer die Förderung aus dem 100 000-Dächer-Programm in Anspruch nehmen. Wegen des unerwartet großen Erfolgs des Programms sind die Mittel zurzeit aber erschöpft. Über ein neues Förderprogramm wird in der Bundesregierung aber nachgedacht. (13)

Damit die Stromerzeugung aus der Sonne in den Bereich der Wettbewerbsfähigkeit zu konventionell erzeugtem Strom gelangen kann, muss die Technologie und damit die Stromausbeute weiter verbessert werden. Deutlich billiger werden Photovoltaikanlagen wohl aber erst, wenn sich die Nachfrage weltweit enorm vergrößert. Große Hoffnungen liegen bei den heißeren Ländern im Süden Europas und in Afrika, wohin man die Technologie gerne exportieren möchte. So soll beispielsweise in den nächsten Jahren in Südspanien das erste solarthermische Großkraftwerk in Europa gebaut werden. Die Technologie dafür kommt aus Deutschland. (8), (13), (16)

Geothermie und Wasserstoff

Die Geothermie, also die Technologie zur Nutzung der Erdwärme zur Stromerzeugung ist erst in der Entwicklung. Trotzdem gehen Experten davon aus, dass die Geothermie langfristig in der Lage sein wird, bis zu 25 Prozent des benötigten Stroms zu liefern. Das Bundesumweltministerium setzt deshalb eine hohe Priorität auf die Forschung und Entwicklung der notwendigen Technologie zur Nutzung der Erdwärme. (8)

Grosse Hoffnungen werden auch auf die Energiegewinnung aus Wasserstoff gesetzt. Da die Forschung an dieser neuen Technologie aber erst begonnen hat, ist nicht damit zu rechnen, dass ein spürbarer Anteil der Stromerzeugung in den nächsten 50 Jahren durch die Wasserstofftechnologie erfolgen kann. (8)

Biomasse

475 Megawatt an Strom werden heuer bereits aus Biomasse erzeugt. Dabei werden biologische Rohstoffe wie Stroh, Holz oder Biogas zur Stromerzeugung genutzt. Der Biomasse-Strom wird mit 8,5 bis 10 Cent pro Kilowattstunde vergütet. Da biologische Rohstoffe allerdings nicht unbegrenzt zur Verfügung stehen, ist kaum zu erwarten, dass sich dadurch ein signifikanter Anteil des benötigten Strombedarfs decken lässt. (14)

Wasserkraft

Für die Nutzung der Wasserkraft zur Stromerzeugung ist ein relativ großes Gefälle nötig. Die notwendigen geologischen Voraussetzungen sind in der BRD fast nur in Süddeutschland anzutreffen. Deshalb befinden sich die meisten Wasserkraftwerke auch im Süden. Das Potenzial der Wasserkraft ist in Deutschland mit ca. 5 % ziemlich ausgeschöpft und eine höhere Ausbeute kann nur durch die Modernisierung bestehender Anlagen erzielt werden. Dieser Tatsache wird in der Novelle des EEG dadurch Rechnung getragen, dass künftig auch Strom aus Wasser gefördert werden soll, wenn er aus modernisierten Anlagen stammt, die nicht mehr als 150 Megawatt Gesamtleistung aufbringen. (7)

Ökostrom-Förderung ja oder nein?

In den letzten Monaten ist in der Presse darüber ein Diskurs angebrochen, ob die Ökostrom-Förderung überhaupt vertretbar ist. Entfacht durch die unterschiedlichen Meinungen führender Bundespolitiker wird darüber diskutiert, ob man die Höhervergütung für Ökostrom den Bürgern weiter zumuten kann und soll. Als Alternative werden modernere Kohle- und Gaskraftwerke genannt, aber auch die über den Ausstiegsvertrag hinaus gehende Nutzung der bestehenden Atomkraftwerke genannt. (15)

Neben dem Preisargument wird von den Gegnern des Ökostroms angeführt, dass die Grundstromversorgung durch Wind- oder Sonnenenergie nicht sichergestellt werden kann, da Windanlagen erst ab einer gewissen Windstärke laufen und sich abschalten, wird der Wind zu stark. Photovoltaik-Anlagen dagegen brauchen eine gewisse Sonneneinstrahlung zur Stromgewinnung und fallen beispielsweise an Regentagen als Stromlieferant komplett aus. Für die Grundversorgung müssen deshalb andere Kraftwerke vorhanden sein, die die Versorgungsschwankungen durch Wind und Sonne ausgleichen können. (10)

Für die Förderung regenerativer Energien spricht allerdings die Tatsache, dass sich die erreichten technischen Entwicklungen ohne das EEG kaum in dem Tempo vollzogen hätten. Deutsche Windkraft- und Solaranlagen sind technisch auf dem neuesten Stand und könnten sich zum Exportschlager entwickeln. Dies bestätigt auch die Tatsache, dass General Electric sein erstes europäisches Forschungs- und Entwicklungszentrum für alternative Energien in Deutschland baut.

Das EEG wird in vielen Ländern weltweit als vorbildlich angesehen und wurde aufgrund seines Erfolgs beispielsweise in Spanien, Frankreich und

Österreich kopiert. (16)

Vergessen sollte man auch nicht, dass ja auch die Energieerzeugung aus Kohle, Gas oder Atomkraft öffentlich mit nicht geringen Beträgen subventioniert wird. Laut Bundesverband Erneuerbare Energien (BEE) werden jährlich rund 35 Milliarden Euro vom Staat für durch die Energiewirtschaft verursachte Kosten aufgewandt.

Die Antwort jedenfalls kann nicht ein grundsätzliches Ja oder Nein sein. Die Lösung für eine zuverlässige aber nachhaltige Stromversorgung in Deutschland wird in nächster Zukunft in einem Mix aus alternativer und konventioneller Energieerzeugung liegen. Dabei ist die Stromgewinnung aus erneuerbaren Energien nach wie vor von der finanziellen Unterstützung durch den Staat abhängig, was allerdings auch für den Strom aus Kohle-, Gas- und Kernenergieanlagen gilt. (10)

Die eigentliche Frage ist wohl eher, ob wir uns die momentan (zu) günstigen Strompreise, vor allem für Großabnehmer, im Hinblick auf die nachteiligen Auswirkungen auf die Umwelt künftig noch leisten sollten. Die Politik ist hier gefragt, um den auf Gewinnmaximierung eingeschränkten Blick einiger großer Industrieunternehmen auf die globalen Umweltprobleme hin zu erweitern. Denn nach wie vor steigt die weltweite Emission von Kohlendioxid weiter an, anstatt wie im Kyoto-Protokoll vereinbart zu sinken.

Fallbeispiele

Ökostrom billiger als herkömmlicher Strom

Durch den Mix von niedrigem monatlichem Grundpreis bei höheren Kosten pro Kilowattstunde Stromverbrauch können Haushalte, die sparsam mit ihrem Stromverbrauch umgehen, durch die Abnahme von Ökostrom oft Geld sparen. So ist beispielsweise die jährliche Stromrechnung der Ökostrom-Anbieter Lichtblick, Hamburg und Stromrebellen, Schönau für einen Jahresverbrauch von 1500 Kilowattstunden günstiger, als bei der EnBW-Tochter Yello. (17)

Pilotanlagen für die Offshore-Windenergieerzeugung

Zwei Anlagen zur Windenergieerzeugung auf hoher See sind in Planung und vom Bundesamt für Seeschifffahrt und Hydrografie genehmigt: Borkum-West, 45 km nördlich von Borkum und Butendiek, 34 km westlich von Sylt. Durch diese Pilotanlagen sollen alle noch bestehenden technischen Probleme ausgeräumt und die Machbarkeit von Offshore-Windkraftwerken bestätigt werden. (9)

Solarthermisches Großkraftwerk in Südspanien

Die fränkische Firma Solar Millenium plant ein solarthermisches Großkraftwerk in der andalusischen Provinz Granada. Auf einer Fläche von 200 Hektar sollen 200 000 Parabolspiegel aufgestellt werden, die insgesamt 100 Megawatt Strom erzeugen sollen. Dieses Vorzeigeprojekt wurde erst durch ein dem deutschen EEG ähnlichen Gesetz zur Vergütung des Solarstroms möglich. (16)

Anbieter von Anlagen zur ökologischen Energieerzeugung

Windenergie:
Pfleiderer Windenergie GmbH
Alstom
AN Windenergie GmbH
DEWIND AG
GE Wind Energy GmbH
Nordex AG
NEG Micron Deutschland GmbH
REpower Systems AG
Südwind Energy GmbH
Vestas Deutschland GmbH

Solarkraft:
Sharp
BP Solar
Kyocera
Shell
Solar Millenium
RWE Schott Solar
SolarWorld AG
Sunways AG
Solon AG
Solar Fabrik AG
S.A.G. Solarstrom AG
unit energy europe AG
Harpen AG

Biomasse
Siemens Power Generation

Weiterführende Literatur

(1) Rosenkranz, Gerd, Sturmlauf gegen den Ökostrom, Spiegel Online, 26.08.2003
aus WirtschaftsBlatt, 23.04.2003, Nr. 1855, S. A23

(2) Elementare Risiken Klimawandel. Tropensommer in Europa, Stromchaos in den USA das Extremwetter führt rund um den Globus immer häufiger zu Schäden in Milliardenhöhe. Wie Wirtschaft, Unternehmen und Anleger reagieren.
aus Capital vom 21.08.2003, Seite 24

(3) Kyoto-Protokoll und Emissionshandel
aus Die Welt, Jg. 58, 06.08.2003, Nr. 181, S. 12

(4) Gipfel unter Strom Fallen die Kohlesubventionen oder bekommt die Windkraft weniger Geld? Bundeswirtschafts- und Bundesumweltminister sind zerstritten. Ein Kanzler-Machtwort ist derzeit nicht zu erwarten. Erst einmal wird reichlich geredet Heute treffen sich die Chefs der Konzerne mit dem Kanzler - Es geht um die Richtung der Energiepolitik
aus Die Welt, Jg. 58, 18.09.2003, Nr. 218, S. 12

(5) Versorger ignorieren Marktchancen für Ökostrom Haushalte würden laut einer Studie für umweltfreundlich erzeugte Energie deutlich mehr Geld ausgeben · Angebot in Deutschland bislang spärlich

aus Financial Times Deutschland vom 08.09.2003, Seite 8

(6) Stromversorger feilschen um Emissionsrechte Auflagen zum Klimaschutz beeinflussen künftige Positionen im Wettbewerb · Energiegipfel beim Bundeskanzler am Donnerstag
aus Financial Times Deutschland vom 16.09.2003, Seite 6

(7) Förderung erneuerbarer Energien
aus Frankfurter Allgemeine Zeitung, 15.08.2003, Nr. 188, S. 13

(8) Klimaschutz ist ein Markt ungeahnter Größe Solarthermie und Erdwärme gehören die Zukunft: Eine Wende in den Forschungsprioritäten zu Gunsten der Energieforschung ist überfällig / Von Jürgen Trittin
aus Frankfurter Rundschau v. 08.09.2003, S.7

(9) Roth, Wolfgang, Schweinswale im Rotorschatten, Süddeutsche Zeitung, 15.09.2003, Ausgabe Deutschland, S. 2
aus Frankfurter Rundschau v. 08.09.2003, S.7

(10) Wer nachhaltige Stromversorgung will, braucht Windkraft Ein Umdenken ist nötig, denn die Verantwortlichen im Energiesektor richten sich nach überholten Modellen aus dem vorigen Jahrhundert / Von Marcel Krämer
aus Frankfurter Rundschau v. 15.09.2003, S.7

(11) Emissionshandel kommt billiger Eine neue Studie des WWF belegtDer Emissionshandel ist die billigste Methode, um das Klima zu schonen. Würde die Industrie gesetzlich zu weniger Kohlendioxidausstoß gezwungen werden, müsste sie bis zu 545 Millionen Euro mehr zahlen
aus taz, 22.09.2003, S. 10

(12) Die Hitze lässt die Solarbranche strahlen - Energie, Bonner General-Anzeiger, 11.08.2003, S. 17
aus taz, 22.09.2003, S. 10

(13) Wachstum der Solarbranche erhellt auch den Arbeitsmarkt Photovoltaik-Markt wächst bis zu 30 Prozent jährlich
aus Börsen-Zeitung, 13.09.2003, Nummer 177, Seite B6

(14) EEG: Innovationswettlauf bei Umwelttechnologie - Acht Prozent Strom aus erneuerbarer Energie, Deutsche Handwerks Zeitung, Heft 12, 2003, S. 14
aus Börsen-Zeitung, 13.09.2003, Nummer 177, Seite B6

(15) Jacobi, Robert, Cent für Cent in Richtung Energiewende, Süddeutsche Zeitung, 15.09.2003, Ausgabe Deutschland, S. 2
aus Börsen-Zeitung, 13.09.2003, Nummer 177, Seite B6

(16) Roth, Wolfgang, Gebündelte Sonne, Süddeutsche Zeitung, 25.09.2003, Ausgabe Deutschland, S. 10
aus Börsen-Zeitung, 13.09.2003, Nummer 177, Seite B6

(17) Mythos teurer Ökostrom Energie aus Schönau und von Lichtblick ist teils preisgünstiger als Yello. Bei herkömmlichen Stromanbietern muss der Kunde die teuren Strukturen des Exmonopolisten mit bezahlen
aus taz, 28.06.2003, S. 34

(18) An der Grenze zur Rentabilität
aus ENTSORGA MAGAZIN Nr. 05 vom 22.05.2003 Seite 033

Impressum

Ökostrom-Förderung - ja oder nein?

Bibliografische Information der deutschen Nationalbibliothek

Die Deutsche Nationalbibliothek verzeichnet diese Publikation in der deutschen Nationalbibliografie; detaillierte bibliografische Daten sind im Internet über http://dnb.d-nb.de abrufbar.

ISBN: 978-3-7379-1432-1

© 2015 GBI-Genios Deutsche Wirtschaftsdatenbank GmbH, Freischützstraße 96, 81927 München, www.genios.de

Alle Rechte vorbehalten. Dieses Werk ist einschließlich aller seiner Teile – z.B. Texte, Tabellen und Grafiken - urheberrechtlich geschützt. Jede Verwertung außerhalb der Grenzen des Urheberrechtsgesetzes bedarf der vorherigen Zustimmung des Verlags. Dies gilt insbesondere auch für auszugsweise Nachdrucke, fotomechanische Vervielfältigungen (Fotokopie/Mikroskopie), Übersetzungen, Auswertungen durch Datenbanken oder ähnliche Einrichtungen und die Einspeicherung und Verarbeitung in elektronischen Systemen.